Poemas a Dios

Daniel Romero

Estamos en tiempos de crisis existencial. De eso no hay duda. Esa crisis es innata al ser humano el cual no descansará sino hasta que vuelva a su Verdadero Hogar.

Este libro de poemas está dedicado a aquellos que sufren. El desconsuelo y la tristeza son dos acompañantes fieles de los que están en el camino de la vida, sobretodo de los que empiezan a despertar. Este libro viene de lo más profundo del alma de un buscador espiritual. La esperanza de un futuro mejor y la fe de que llegará es lo que mantendrá viva la ilusión de la chispa divina.

Regálame tu Mirada

Mírame, o Señor y dame tu darshan

Mírame, o señor y recibiré tu dhristi

Tal como el pájaro de la luna espera a su astro bendito

Así yo espero habitar entre tus ojos y no apartarme de tu rostro nunca

Determíname o señor, mira que existo y sufro

Así es, existo, estoy fuera de mí y de ti

No se puede vivir así

Encuéntrame en la jungla de este mundo

y llévame ya a mi verdadero Hogar

Allá donde habité y habitare durante siglos por venir

Así mi alma estará en paz y mi corazón estará contento por siempre jamás.

¿Dónde Estás?

¿Dónde estás Señor Mío, o, donde estás?

Las personas creen que estas en las Santas Escrituras, pero allá no te encuentro

Otros creen que estas en los ritos y rituales, pero allá no te encuentro

Voy a iglesias, mezquitas, sinagogas, y templos, pero allá no te encuentro

Sé que estas en lo más profundo de mí, pero no sé cómo buscarte

Te has escondido en lo más recóndito del ser humano, en su propio Ser

Peregrinaciones, autoflagelación, celibato, lo he intentado todo

Pero no he logrado encontrarte

Tengo una solución

Encuéntrame tú a mí

Tu que todo lo vez y todo lo conoces, ven por mi

Casémonos y disfrutemos de nuestra luna de miel toda la noche

O mejor aún, toda la vida

Tú sabes que eres mi vida y sin ti no puedo existir

Solo quiero que me respondas una pregunta

¿Dónde estás Señor Mío, donde estás?

El Don de Lágrimas

Todos quieren poseer los dones espirituales

¿Pero quién está dispuesto a pagar el precio?

O amigo mío, si piensas que el camino espiritual es una cama de rosas

Estas muy equivocado

Este es un dolor profundo en el corazón y sollozos interminables día y noche

¿Quién encontró a Dios estando feliz en este mundo?

¡Nadie!

Pero alégrate, tú no haces parte del montón

Todas esas lágrimas regadas noche tras noche no se quedarán sin recompensa

El poder de las lágrimas es inmenso

Ningún sacrificio es tan bien premiado por Dios como aquel del llanto sincero y el corazón quebrantado

¿Cómo puede ayudar a Dios al autosuficiente?

Déjate arrullar en sus brazos y duerme profundamente

Cuando despiertes tu alegría será exponencialmente proporcional a la tristeza sufrida durante tantos años

Llora, llora, y sigue llorando

El Rey viene en camino y pronto llegará

Al alegre nada le tocara mientras que Tú podrás disfrutar de todos los tesoros que el Rey te tiene preparados para los que le aman sinceramente

El Secreto Mejor Guardado

Los Santos tienen un secreto y no lo quieren revelar

Su felicidad es inacabable

Conectados a la Fuente de Poder Interno

Su gozo es eterno

Aquel que se ha unido con Dios durante su vida en este mundo lo ha alcanzado todo

Riquezas, fama, deseos, todo, todo es de el

Mientras unos se esfuerzan por tener éxito en un área de la vida

Los Santos lo tienen en todos

Todo les llega fácil y sutilmente

Ellos no son torpes

¡Habiéndose vuelto uno con Dios, ellos son Dios!

Hazme Santo, así seré como Tú, seré Tú

Larga es la Espera

Tenemos que venir aquí incontables números de vidas

Incontable número de veces tenemos que sufrir los tormentos de este mundo

Cuando el yogui supo que ibas a liberar su alma después de 500 vidas se puso contento

¿Cómo es que yo no puedo esperar siquiera un segundo?

Por la misma razón que un pez no puede vivir sin agua

Mi alma no tiene paz si no está Contigo

Larga ha sido la espera

Tantos años han pasado desde que supe de Ti y aun no llegas

Te he suplicado a que regreses a Mí

Me has dejado herido con la flecha del Amor Divino

Y estoy agonizando día tras día

Señor, si supieras de mi dolor intenso me curarías inmediatamente

Aun así, no lo haces

No entiendo tus razones, pero espero que algún día entiendas las mías

Mi mayor anhelo es tenerte en mis brazos

Mi mayor deseo es besarte en la mejilla

Ven a mí

Larga ha sido la espera

La Noche Oscura del Alma

Hay algo a lo que el alma le teme más que a cualquier otra cosa en el mundo

La noche oscura del alma

Llega repentinamente y parece que no se va a ir jamás

Es una oscuridad profunda y arraigada que se encuentra en lo más profundo del alma

Las olas del mar vienen y van

La noche oscura del alma persiste

¿Quién puede mostrar la luz al ser humano invadido por tan terrible condición?

Solo el Hombre-Dios

Este Ser que ha alcanzado la perfección en todos sus niveles puede ayudar incluso al más desdichado de los seres

Con su Amor y Compasión inmensurables pueden cambiar el destino de una persona

No importa ni su pasado ni su presente ni su futuro

Sus pecados y sus virtudes son como polvo

El tiempo se vuelve sin límites para semejante ser tan afortunado

¿Quieres Volver a Este Mundo?

Si deseas volver a este mundo lo mejor es que huyas del que da la Salvación

Hay muchas puertas de entrada, pero solo una de salida

El Hombre-Dios, es el que libera el alma

El que la llena de profunda paz

El que tiene la llave de la puerta de los cielos

Y deja entrar solo al que es de su antojo

Si deseas volver a este mundo de dolor y sufrimiento lo mejor es que huyas

Corre lejos, muy lejos del Salvador

Corre antes de que sea demasiado tarde

Solo Él Puede Disolver el Karma

Algunas personas intentan inútilmente pagar su propio karma

Esto es imposible

Siempre se están creando nuevos

Los Maestros dicen que tanto las buenas como malas acciones son cadenas que atan a este mundo

No importa si una cadena está hecha de oro o de hierro

Igualmente mantiene sin libertad al afligido

Infinitas veces hemos venido a este mundo e infinitas veces volveremos

A no ser de que tengamos un Benefactor único en su especie

Este Bondadoso Dios nos liberará de nuestras deudas

Solo Él puede disolver el karma

Vanamente esperan los que hacen obras de caridad o ejercicios de autocastigo para pagar sus malas obras

Solo Él puede disolver el karma

Él te dará nuevas posibilidades, nuevas oportunidades, y un nuevo destino

Pide Solo una Cosa: Su Gracia

No hay objeto de mayor valor que la Gracia de un Maestro Verdadero

Si obtienes la Gracia, lo obtienes todo

Su Gracia incluye toda su Bondad y Compasión

Su Benevolencia y Misericordia no se quedan por fuera

Ten cuidado, la Gracia a veces viene disfrazada

El rey Pipa desprecio la Gracia de su Maestro cuando ésta venía envuelta en un vaso de agua sucia

Una súbdita tomo de ésta agua y se iluminó

Sorprendido, el rey Pipa fue a donde su Maestro para pedir una segunda oportunidad

Ésta le fue denegadada

Pide solo una cosa: Su Gracia

¡Y una vez te sea concedida, aférrate a ella!

El Poder del Amor Divino

Maestro Mío, veo el camino por el que haz de venir y no te veo

Amado mío, úneme con el Amado y hazme disfrutar de la copulación con el Poder del Amor Divino

¡Escucha mi plegaria y después de escucharla, atiéndela!

¡Eres inconmovible!

¿Cuántos ríos de lágrimas más tengo que llorar para poder tener el honor de arrodillarme a tus pies?

Los Signos del Amante

Cuando el alma de un Ser se enamora perdidamente de Dios, desarrolla los signos del amante

El amador sufre el dolor del Amor segundo tras segundo

El Amor del mundo por venir no es igual al de este mundo

Es mucho mayor

Todos los poemas románticos quedan cortos cuando se trata de los signos del amante

Solo el que los ha experimentado los puede entender

El anhelo por las cosas de este mundo es insignificante cuando se compara por los anhelos celestiales

Solo hay una cura para los signos del amante

Ésta es el Amor abiertamente correspondido del Maestro Perfecto

El Dolor de la Separación

Quien no ha sentido el dolor de la separación no ha sentido el verdadero sufrimiento

Dolores físicos son nada al lado de éste

El costo emocional es simplemente muy alto como para que cualquier humano pueda soportarlo

El estar alejado de Dios es de por sí malo

El ser consciente de esta separación es aún peor

¿De dónde sacaré las fuerzas para soportarlo?

El alma humana es en el fondo un alma guerrera

Ni tormentas de nieve ni de sol la pueden opacar

¡Es increíble el nivel de resistencia que ésta tiene!

Incluso el más débil de los seres posee un coraje inquebrantable así éste no sea evidente

Decidí separarme de Dios en el pasado

Ahora es mi decisión unirme a Él nuevamente

O, Ser Omnipotente, Maestro Perfecto, compadécete de mí y úneme Contigo

No quiero volver a estar separado de Ti

No puedo soportarlo ni un segundo más.

Un Elogio a la Humildad

No seas orgulloso que eso no cae bien

No importa tu condición o clase social recuerda que pudiste haber sido más pequeño que una hormiga en vidas pasadas

Muchos discípulos avanzados han caído en ésta trampa

Habiendo recibido experiencias espirituales de gran índole se han creído más que sus Maestros

La purificación que han tenido que sobrellevar ha sido grande

La humildad es tenida en gran estima por Dios

Los Santos anteponen la voluntad de Sus Maestros ante las suyas propias

En ellos no hay separación, el orgullo pierde su valor

Rendirse a los Pies del Maestro; éste es el único Camino

Meditaciones y austeridades no alcanzan para llegar a la meta

¡Simplemente sométete, y ríndete!

Eso es todo lo que Dios pide de Ti

Busca a los Místicos

Nietzsche decía una cosa,

La filosofía es una basura, si quieren encontrar la Verdad busquen a los místicos

Solo se puede encontrar a Dios mediante las personas que ya lo han realizado

Ellos son la fuente de primera mano a la que hay que acudir si esto es lo que se desea

Con sus anécdotas e historias inspiradoras llevan al buscador a que siga en su búsqueda

Sus relatos nos llevan a épocas inmemorables difíciles de imitar

Sus pruebas, fracasos, y éxitos son adornos que nos hacen escuchar

La paz que irradian sus voces es sutil, su mensaje lo es aún más

Así que si quieres conocer la Verdad suelta los libros

Busca al Místico en quien la Verdad habita y él te guiará a tu Verdadero Hogar

El Reino de los Cielos

Hay un lugar en el que no hay tristeza

Éste lugar de felicidad está reservado para unos pocos en cada generación

Aunque todos estamos destinados a llegar allí

¡El tan anhelado reino de los cielos empieza en esta vida no después de la muerte!

Acá es donde está el clima perfecto y todos cantan alabanzas a Su Nombre

Es el destino final

Todos somos hijos de Dios y por lo tanto ésta es nuestra herencia

Nunca cambies lo efímero por lo eterno

Es un gran error

No hay que renunciar a nada

En vez de eso, hay que desearlo todo

El ambicioso que es puro en sus deseos lo obtendrá

Sus ojos no volverán a perder su brillo ni a derramar lágrimas

El Despertar Espiritual

El despertar espiritual es uno de los momentos cumbres de una persona a pesar de sentirse como un abismo

Cuando el alma desea volver al Verdadero Hogar la persona empieza a sentir una inquietud incesante

Esta inquietud es insoportable

No le queda de otra que clamar a Dios por piedad

Él es piadoso y de todos tiene Misericordia

El que no despierta espiritualmente es como una tumba

Su vida carece de un sentido verdadero

Y sus esfuerzos se pierden en intentos fútiles de alcanzar cosas sin un valor real

En cambio, al que despierta se le abrirán los ojos tarde que temprano

Dicen que el placer espiritual más pequeño es como el mar y todos los placeres corporales reunidos son como un grano de arena

Yo diría que esto sería subestimar los placeres celestiales

El punto de comparación se pierde en todo el sentido de la palabra

No tardes más alma, no sigas dormida y despierta en seguida

El camino que te espera es arduo

Se valiente y crúzalo sin dudarlo siquiera un instante

La Recompensa Espiritual

Darle contento al Creador es a la final darse contento a si mismo

Si deseas la felicidad, trabaja para ello

Si deseas lo material, trabaja para ello

Si deseas el cielo, trabaja para ello

Nunca nada bueno llego gratis

Ya sea que se tuvo que pagar con el sudor de la frente o con lágrimas de sangre

La recompensa espiritual está allí solo para los que persisten

¡No desistas que el premio es grande!

¿Deseas los bienes de este mundo?

Los obtendrás

¿Deseas los bienes del mundo por venir?

Los obtendrás

Fija tu mente y tu propósito en la recompensa espiritual

Así obtendrás todo, todo lo que deseas

Que no te engañen diciéndote que debes renunciar a los placeres mundanos

A lo único que debes de renunciar es a tu orgullo

Déjalo de lado y se te premiará

Abrázalo y se te castigará

Toma tu decisión y apresúrate

Somos Dioses

Lo quieras aceptar o no, eres Dios

Sí, me oíste bien, eres Dios

No te subvalores, alégrate de sobremanera

Hay muy poca diferencia entre Dios Todopoderoso y tú, si es que hay alguna diferencia después de todo

Esto no es una blasfemia, ¡es una realidad!

El rey David lo dijo y Jesús lo confirmó:

"Yo dije: Vosotros sois dioses, y todos sois hijos del Altísimo"

Él quiere compartir su reino y dominio contigo

Él es un Padre bondadoso lleno de infinita benevolencia

La envidia no existe en Él y está más que dispuesto a hacerte su heredero

Elige Bien

¿Qué prefieres, bienes efímeros o placeres eternos?

Creo que la respuesta es obvia

No te afanes por el mañana, simplemente esfuérzate hoy

La Verdad no es algo muy claro para el ignorante

¿Cómo saber si se está siguiendo el camino correcto?

No se puede estar seguro

Los deseos del corazón no son muy evidentes al deseador

Hay un seguro

El Maestro puede ayudar

Pedir su guía, pedirle a Él que haga desear lo que llevará a la liberación final

El Único Camino es el Amor

Los humanos hacemos las cosas más difíciles de lo que realmente son

Muchos meditan horas diarias, año tras año, sin llegar a la meta

¿Quién triunfa en el camino espiritual?

Hay dos condiciones

El que tiene Verdadero Amor en su corazón por el Maestro

Y el que se ha ganado la Gracia de su Maestro

Obtener su Gracia es amarlo por encima de todo

¿Cómo se obtienen éstas dos cosas?

La primera surge de sentir Su Amor Incondicional y de escuchar historias y relatos
relacionados con Su Grandeza

La segunda se puede atribuir a la buena suerte

Lo bueno es que la buena suerte se puede crear

Pidiendo e insistiendo al Maestro por ésta

Un discípulo que había cuidado a su Maestro durante años no había tenido tiempo para
meditar

Cuando se dio cuenta que no había meditado como su Maestro lo había indicado, pidió el
tiempo para hacerlo

El Maestro le dio las llaves de su propia casa para hacerlo

Estuvo tres meses intentando meditar y no pudo debido a las continuas interrupciones de
personas que llegaban a la casa del Maestro

El discípulo fue a exponer a su caso al Maestro y acepto su fracaso

El Maestro lo felicito y le dijo: ¡tu fracaso ha sido tu éxito!

Él siguió sirviendo a su Maestro incondicionalmente

Y su Amor lo llevó hasta el más allá

El Maestro Interno

Dentro de cada uno de nosotros existe una joya invaluable

Éste es el Maestro Interno o la Forma Radiante del Maestro

Él es la sabiduría personificada

El conocimiento de todo lo conocido y lo desconocido lo tiene Él

No busques consejo de personas afuera

Ellos tienen falencias y no pueden ver los posibles resultados de tus decisiones

El Maestro lo sabe todo

Una vez le preguntaron al Maestro si una niña debía entrar a la universidad y Él dijo que no

A los cinco minutos le preguntaron al mismo Maestro si otra niña debía entrar a la universidad y Él dijo que si

No todos estamos destinados a lo mismo

A unos nos conviene una cosa y a otros otra

El Maestro sabe lo mejor para ti y eso te aconsejará

No seas necio y sigue por la senda que Él te indique

Así tu camino será más sencillo y tu senda más fácil

El Maestro Viviente Perfecto

Si has de pedir a Dios solo una cosa pide al Maestro Viviente Perfecto

Siendo el Dios encarnado puede cumplir todos tus deseos

No te contentes con poco

Mientras unos piden una buena esposa o un buen auto, o una buena casa, el sabio no pierde su tiempo y pide al Maestro Viviente Perfecto

El sabio sabe que si lo pide a Él, podrá luego pedir cualquier cosa

Ya está de parte del Maestro dársela o no

No olvides pedir que Él te de la iniciación en los Secretos de la Vida

Una vez te inicia te limpia los karmas y te da un tiquete para ir a Sach Khand

O el Reino de los Cielos

Por si fuera poco, te haces merecedor de sus cuatro grandes regalos

Dharma, Artha, Kama, y Moksha

Tener el Dharma te da una vida relativamente libre de dificultades

El Artha se refiere a la riqueza u opulencia

El Kama al placer

Y el Moksha a la liberación final del alma

Aunque todos los regalos son valiosos, el Moksha está por encima de todos

Moksha

El alma ha andado errante por edades y edades enteras

Sus esfuerzos y sufrimientos no la han llevado a ningún lugar de descanso

Una vez vino encarnada como piedra, otra como vegetal, luego como animal, y ahora como humano

No pierdas esta valiosa oportunidad

Es la oportunidad de regresar a tu Verdadero Hogar

La liberación del alma es el premio más grande

Y lo mejor, se puede alcanzar mientras se está en vida

Algunas personas tratan infructuosamente de alcanzarla

Rezan rosarios enteros miles de veces seguidas sentados en posición de loto sobre la abrazadora arena del desierto

Luego, hacen prácticas de celibato reprimiendo su deseo sexual hasta el máximo

Luego hacen peregrinaciones a lugares sagrados a miles y miles de kilómetros de distancia de sus ciudades natales

Al mismo tiempo llevan dietas estrictas como Buda quien durante un tiempo solo comió un grano de arroz al día

No obstante, no alcanzo nada gracias a ese esfuerzo

El Moksha es la felicidad última

El que la alcanza no tiene deseos de más

Una vez alcanzada la liberación del alma, la alegría sentida es infinita

La Purificación Espiritual

El sendero espiritual tiene etapas

Una etapa que permanece constante hasta que se alcanza la meta final es la purificación espiritual

El alma es purificada para que quede blanca como el hisopo

Sus vestimentas son hechas a la medida para que luzca blanca como la nieve

Ésta purificación viene en forma de tormentos y pruebas

El Maestro es el único soporte

A veces Él se aleja

A veces durante mucho tiempo

¿A dónde se ha ido?

Otras veces aparece

Y luego se vuelve a alejar

¿Por qué lo hace?

El Amor de Dios

El Amor de Dios es distinto al amor humano

A pesar de que el amor de una madre o de una pareja enamorada se considera superior a cualquier otro tipo de amor

El Amor de Dios supera cualquier estándar de sentimiento

¿Si Dios nos ama por que permite tanto sufrimiento?

La razón de esto es sencilla

El Amor de Dios es control sobre los deseos

Dios está por encima del bien y del mal

Él nos está controlando día y noche, despiertos y dormidos

A esto se le llama el Amor de Dios, al control que Él tiene sobre nosotros

Por eso se dice que su amor es continuo y está siempre con nosotros

El que alcanza el Amor de Dios es totalmente libre

El amor de Dios está por encima de la ley

Y nada ni nadie lo puede perturbar

El Mesías Hijo de José y el Mesías Hijo de David

Las épocas son cambiantes

Lo que antes era innovador ahora es obsoleto

Solo el cambio es una constante

En tiempos del pasado estábamos en los tiempos del Mesías Hijo de José

En estos tiempos solo se alcanzaba la iluminación renunciando completamente a los placeres corporales

Si te pones a pensar detalladamente, hacer esto era relativamente fácil en tiempos de otrora

Las mujeres con sus largos vestidos no inspiraban malos pensamientos

El promedio de las personas, a diferencia de los reyes, no tenían acceso a manjares

Los placeres mundanos eran muy limitados y por ende sus deseos por ellos también

Eso no es así ahora

Estamos bombardeados con mensajes publicitarios que incitan al sexo, la riqueza, y otros bienes materiales

Afortunadamente, ahora se alcanza la espiritualidad mediante el deseo de satisfacer todos los deseos que se posean

A la final, esto se traduce en el deseo por tener un completo control de la propia vida

Dios creo el ego

El ego es bueno

Deséalo todo y lo obtendrás todo

Cuando Jesús vino por primera vez vino como cordero degollado

En su próxima venida el vendrá como el León de Judá, el rey de todo lo creado

El impondrá el milenio de la paz

Para acabar con el sufrimiento de la humanidad

El Maestro de Maestros

Jesús ha sido la persona más grandiosa que ha existido sobre la tierra

No hay nadie más grande que él

No hay nadie más aparte de Él

Él nos enseñó la regla dorada

Ama a tu prójimo como a ti mismo

Y

Ama a Dios con toda tu alma, con todo tu corazón, y con toda tu fuerza

Siendo el Ser más poderoso del universo, se subyugó por amor a la humanidad

La humanidad tenía necesidad de un Salvador y lo encontró en éste gran Hombre-Dios

Fue el único que pudo dividir la historia en dos

Y el que ha podido influir en un sinnúmero de vidas

Prodigios y milagros fueron posibles gracias a su gran sabiduría

Todos los Santos y Maestros de todos los tiempos concuerdan en algo:

Jesús ha sido, es, y será el Maestro de Maestros

Valioso es el Cordero de Dios

El que es, el que ha sido, y el que vendrá

La Ilusión del Libre Albedrío

El libre albedrío no existe

Todo está predeterminado en tu vida y en la vida de los demás desde el principio de la existencia hasta el final de ella

Ahora va la buena noticia

Dios no juega a los dados

De esta manera, había mucho que perder si la Salvación de la humanidad estuviera en manos de ésta

Por esta razón, Dios ha establecido reglas fijas para que nada se salga de su rumbo

Así todos estaremos destinados a reunirnos y ser uno con el Padre que está en los Cielos

El libre albedrío es solo eso: una ilusión

El Padre quiere que creas que tú eres el que decides escogerlo a él o no

Aparentemente no obliga a nadie, pero en el fondo lo hace

Él nos ama tanto que no puede permitir que hubiera sido de ninguna otra manera

Es la voluntad de Dios que el hombre se salve no que se condene

Alégrate pues, o hombre, porque tu salvación ya está escrita

El Pecado

En la ley judía hay 613 Mitzvot o mandamientos que hay que cumplir

En el Judaísmo Mesiánico este número supera los mil

Solo existe un único pecado reconocido por los Maestros

Éste es olvidarse de la Fuente Primordial

Lo que es más, no estar conectado a esa fuente todo el tiempo es la base de todo sufrimiento y pecado cometido por la humanidad

Sexo desenfrenado, glotonería, y otras actividades vistas como indeseables son solo la manifestación del pecado primordial

Estamos pecando todo el tiempo

No realizamos ni una sola buena acción a los ojos de Dios

Perdónanos y libéranos de nuestras culpas, o Ser Omnipotente

Corrige nuestros caminos y muéstranos el Verdadero Sendero

Únenos con la Fuente, haznos uno con ella

Así tú y nosotros seremos uno

Y no volveremos a pecar nunca más

El Sendero

Hay una religión que se distingue de las otras religiones

Ésta religión no es una religión, es un Sendero

Hay un punto de inicio y un punto de destino

Religión viene de las raíces re y ligar, o volver a unir

La religión debe ser una plataforma para volver a establecer un contacto perdido desde hace mucho tiempo, un contacto con Dios

Kabir fue un Maestro milenario

El vino en la edad de oro a liberar el alma de la reina Indra Mati

El vino en todas las otras edades a liberar más almas

En la edad de hierro nació como un humilde herrero

Aun así, liberó a miles de almas sedientas de la Salvación de Dios

Después de Él, siguió una línea de Gurús distinguidos

Ninguno de ellos viene a imponer una nueva religión

En vez de eso, vienen a mostrar el Sendero de vuelta a Dios

Eso es todo lo que el ser humano necesita

Las Cuatro Edades

Hay cuatro edades

Éstas son la edad de oro, plata, bronce, y hierro

Piénsalo de esta manera

La edad de oro es el epitome de todas las edades

En ella todos los deseos son satisfechos, somos autótrofos, vivimos más de 100 mil años, y somos felices

Luego el proceso se va degradando progresivamente

De la edad de oro se pasa a la edad de plata, luego a la de bronce y finalmente a la de hierro

Pobres de las almas que habitan en la última de ellas

Para ellas el dolor es una constante y el sufrimiento pareciera no acabar

Pero aun así tenemos una ventaja sobre las otras almas que parecieran ser más afortunadas

Gracias a lo desesperado de nuestra existencia, clamamos al Ser Superior para que nos libere

Él en su infinita Bondad nos envía al Amado

El Maestro viene a cambiar nuestra vida

Mereciendo el castigo, Él nos da la Gloria

No nos juzga y en cambio nos enaltece

Antes éramos deudores, ahora somos acreedores

Dicha y alegría nos acompañaran por siempre

El Demonio

Kal agrado a Dios, y Dios le dio poder sobre los tres mundos

El físico, el astral, y el causal, todos están bajo su dominio

¿Quién podrá soportar tal mandato?

Él es el dueño del tiempo y del espacio

¿Qué será de nosotros los mortales?

¡Desdicha infinita!

Pero hay una solución a nuestra amarga situación

El Maestro Verdadero nos trae la Verdadera Salvación

Una vez fuimos víctimas de caer ante las temibles garras de Kal

Ahora el Maestro nos ha rescatado

Conténtate, o alma mía,

Abraza la libertad y no la dejes ir por nada del mundo

De la Enfermedad Mental a la Realización Espiritual

La mente es un monstruo

Rinde homenaje y vuelve pedazos al que se le antoje

Nos demoraríamos vidas y vidas enteras dedicadas a su estudio solo para entender que no la comprendemos

Es como un potro desbocado

Acaba con todo lo que va a su paso

El velo que tenemos en nuestros ojos no nos deja ver lo delicada que es nuestra situación

Nunca ha habido un mortal que dominase su mente completamente

Sanatorios están repletos de sus víctimas

¿Quién puede curar la mente, y cuál es su cura?

El médico del alma es el Maestro y la cura es el Amor

Meditación

Meditar va más allá de ponerse en posición de loto, cerrar los ojos, y hacer mudras con las manos

Meditar es tenerlo a Él todo el tiempo en la mente

Día y noche, Él debe de habitar en ti

Todo el tiempo las personas están meditando sobre cosas terrenales

A veces las obtienen, y otras veces no

Todo depende de la intensidad de su anhelo

Sé más inteligente tú

Medita en lo celestial

Medita en el Maestro

De esta manera ganarás ambos mundos, éste mundo y el mundo por venir

Serás una persona honorable en la sociedad

No me cansaré de repetirlo:

Medita en el Maestro

Medita en el Maestro

Medita en el Maestro

Deseos Limpios, Deseos Sucios

Ningún humano se ama a si mismo realmente

Déjame decirte esa dura verdad

Lo que llamamos amor propio puede considerarse ya sea autosuficiencia o narcisismo

Lo que creemos que deseamos y que realmente deseamos son dos cosas distintas

Lo que creemos que deseamos se llama la piel de serpiente

Esta capa sutil nos engaña a cada paso

Lo que realmente deseamos viene de lo más profundo de nuestro Ser

Solo hay una solución

¡Vuélvete consciente de tus propios deseos!

De esta manera tus deseos serán limpiados de tanta suciedad

Y lo que crees que deseas y lo que realmente se deseas se volverán uno

De esta manera serás feliz

Tus deseos serán satisfechos

Y tu corazón estará contento

La Lujuria

La lujuria es la fuerza más poderosa del universo

Ella hace que la existencia en su sentido más pleno sea posible

Desea excesivamente lo espiritual

De esta manera pronto llegará

La lujuria por el plano físico no resulta tan rentable como la lujuria celestial

Desea las cosas que ya poseen los ángeles y más

Y que tu poseíste hace mucho tiempo

Usa la lujuria a tu ventaja

No seas prisionero de ella

Toma las riendas del asunto

Así llegará más lejos de lo que jamás pudiste haber imaginado

La Luz del Maestro

Este mundo es tinieblas y oscuridad

Tropezamos a cada paso

¿Cómo alcanzaremos la meta final?

Solo a través de la Luz que irradia el Maestro

Él es el Gurú Perfecto

"Gu" significa oscuridad

"Ru" significa disipar

El Verdadero Maestro lleva a su discípulo de la oscuridad a la Luz disipando las tinieblas
de su camino

La Luz del Maestro es invaluable

Sin ella no podemos avanzar ni un solo paso

Te pedimos que no apagues tu lámpara

Ilumina nuestro sendero

Llévanos finalmente al Reino en el cual Tú habitas

El Mendigo Santo

No te impresiones si te encuentras a un mendigo Santo

A los Maestros les gusta poner pruebas

Muchos Santos han venido al mundo vestidos de zapateros y carpinteros

No te dejes confundir

Ellos pudiendo tener toda la riqueza del mundo se camuflan en vestidos humildes

La razón de esto es porque quieren ponerse a la altura de sus discípulos

Así el Maestro esté desnudo y aparentemente no tenga para comprarse la más simple de las vestimentas

No dudes en arrodillarte y besar sus Pies de Loto

En el encontrarás todas las riquezas de éste mundo y el mundo por venir

Bendita Santidad que vino escondida en tan bajo ropaje

Los Maestros quieren ponerse siempre al nivel de sus discípulos

De ésta manera el discípulo puede amar al Maestro sin tenerle envidia ni resentimiento

Para tiempos modernos, Maestros modernos

No te confundas tampoco si el Maestro vive en mansiones y posee varios autos deportivos

¡Los ricos también necesitan de la Salvación!

No lo Dejes Ir

Si alguna vez te lo encuentras, no lo dejes ir

Puede ser la única oportunidad que tengas en la vida

No dejes de mirarlo a los ojos así Él se muestre completamente indiferente hacia ti

Si lo ves personalmente, pídele la iniciación de una vez por todas

Si no acepta, aférrate a sus pies y no lo dejes ir

La persistencia triunfa mientras que el desgano fracasa

Hubo una vez un discípulo que se preparó durante un año con una estricta dieta vegetariana y otros arreglos para ser iniciado por su Maestro

Cuando el Maestro llegó, inició a sus padres quienes se acababan de tomar una buena taza de caldo de pollo, para la sorpresa del discípulo

Viendo la tristeza profunda del discípulo, el Maestro le confortó y le dijo que Él volvería para iniciarlo dentro de seis meses

Solo te aconsejo una cosa:

Si te lo encuentras, no lo dejes ir

La Oración Perfecta

Pídele tus necesidades a Dios o al Hombre-Dios

Él te las suplirá si Él lo cree conveniente

No hay nadie más completo que aquel que tiene el corazón quebrantado

El Omnipotente se apiada de Él una y otra vez

El necesitado pide desde lo más hondo de su alma por su propio bienestar

Caminando de lado a lado no encuentra paz para su ser

Divaga por diversos caminos intentando calmar su sed infructuosamente

A él solo le queda una opción

Clamar desde lo más profundo de su alma por al menos una gota de Su Misericordia

Ésta oración nunca es rechazada

Dios y el Hombre-Dios conocen nuestra situación

La condición del ser humano es una condición precaria

¿Quieres llamar la atención de Dios de la manera más rápida posible?

Deja que tu alma haga el trabajo

No tienes que decir ni una sola palabra

Deja que las lágrimas y el llanto fluyan hasta que lleguen a los hermosos Pies del Maestro

El las recogerá y las depositará en un envase Sagrado

Luego enjuagará tus ojos con su Santo pañuelo

Todo, absolutamente todo el Él es Magnífico

Inclínate y muestra Reverencia

La Verdadera Caridad

Maimonides, el gran sabio judío del siglo XII nos dejó sus ochos reglas de la caridad

Cada regla es menor a la siguiente en orden de importancia

La tercera regla es dar al necesitado dándole a conocer quien le está dando

La segunda regla es dar de una forma anónima

La primera y más importante regla es darle un trabajo al que no tiene

La razón de esto es la condición de vergüenza

Como humanos no podemos dar la cara al vecino cuando éste nos da cosas gratis

La magnitud de la sensación por los bienes recibidos no supera a la magnitud de la sensación de vergüenza experimentada

Esto hace que el ser humano se sienta indigno de sobre manera

Si ayudas a alguien quiero que sepas que últimamente lo estás haciendo por ti mismo

Porque eso te genera placer

No permitas que nadie se sienta miserable gracias a tu filantropía

Déjales ganarse la vida a la vez que se ganan su honor

La Plenitud

Si buscas felicidad, no la encontrarás

Perderás tu tiempo saltando de placer efímero a placer efímero sin cesar

La felicidad es un estado transitorio del alma que viene y que va

Depende de factores externos que no se pueden controlar

Puede llegar tan rápido como se va

Es imposible aferrarse a ella por más de un corto tiempo

La felicidad extrema es una enfermedad y se llama manía

No es raro encontrarla con complejos de superioridad e ínfulas de grandeza

El que la posee corre el riesgo de desinflarse como un globo

Busca la plenitud mejor

La plenitud es el estado natural del alma

Nada le falta ni nada le sobra

No tiene nada, pero lo posee todo

Ni escasez ni abundancia le preocupan

Afortunado el que habita en un estado de grandeza absoluta

Ese es el gran secreto de la plenitud

La Crisis de Nuestros Tiempos

Las crisis de otrora eran políticas, sociales, culturales, y económicas

La mayor crisis actual es la crisis existencial

El sentido de la vida se ha perdido

Ya nada nos basta

Ni el arte, la ciencia, ni la tecnología llena ese vacío que está perpetuamente en nuestro interior

La cosecha está lista para ser recogida

El viñedo está listo para dar vino

La flor está lista para florecer

Vivimos en tiempos inmejorables

El ego ya ha crecido y no se satisface con nada más que no sea Dios mismo

Nuevos movimientos políticos y económicos más equitativos no van a desarraigar el dolor que viene con la condición del ser humano

La crisis es una oportunidad de crecimiento

Antes no estábamos ni en planes de nacer espiritualmente

Ahora es tiempo de madurar

Aprovecha estos tiempos para desarrollar tu potencial

Una oportunidad así no se puede desperdiciar

Darle Contento al Creador

Darle contento al Creador es un propósito admirable

En un mundo en el que el egoísmo reina cada vez más, los amantes de Dios escasean

¡Lo que poco saben es que darle contento al Creador es a la larga darse contento a Sí Mismo!

Dios está dentro de cada uno de nosotros

Esa Fuente de Amor Divino pulsa a cada instante de nuestras vidas

Tú eres el Creador

Toma responsabilidad de tu vida ya que tú has sido el Creador de todo lo que te ha pasado, te está pasando, y te pasará

Tal como un buen invitado se muestra complacido por el servicio brindado por su anfitrión

Muéstrate tu complacido por todo lo que te da tu Creador

La Consciencia Inconsciente

El ser humano está en una situación

El cree que factores externos controlan su destino

Ya sea los astros, jefes, pareja, o familia, siente que nada está bajo su control

Y no lo está, al menos por ahora

El problema radica en que su consciencia está inconsciente

Cada deseo profundo del corazón es irrevocablemente satisfecho según las leyes más fundamentales del universo

Pero si no eres completamente consciente de lo que deseas, ¿cómo sabes que es lo que te va a llegar?

La solución está en hacerse consciente a todo momento y en todo lugar

Consciente de los deseos propios

Lo que crees que quieres dista mucho de lo que realmente quieres

Todo el tiempo te estas atrayendo a tu vida cosas que no son óptimas y que en algunos casos te resultan perjudiciales

Volviéndote de inconsciente a consciente toda tu vida cambiará

Discernirás entre lo bueno y lo malo y atraerás solo lo bueno para tu vida

El Bien que Hace el Bien

Dios es el Bien que hace el Bien

El no existe para llenarnos

El desea empoderarnos

El mal también es conocido como inmadurez espiritual

Esta inmadurez hace que cometamos muchos errores en la vida

Esta existencia es para que crezcamos espiritualmente

Una vez maduramos somos realmente libres

La libertad debería ser la condición sine qua non del ser humano

Si somos libres somos emocionalmente estables

La paz y la libertad van de la mano

Un alma en paz es un alma libre

Un alma libre es un alma en paz

Conócete a Ti Mismo

El propósito de todo ser humano debería ser el conocerse a sí mismo

Muchos creen erradamente que conocerse a sí mismo es conocer las reacciones que se puedan tener a diferentes tipos de situaciones

Aunque esto es útil, no lo es todo

Conocerse a sí mismo es conocer la Verdadera Esencia de uno mismo

Ésta Esencia es Dios

Dios está en cada uno de nosotros y todos somos Dios

Dios es Uno y Dios es Infinito

Así que sigue en tu camino y no pares hasta el final

Conócete a Ti mismo

Eres poderoso

Puedes controlar tu ambiente a tu antojo

Solo, y solo si te conoces a ti mismo y te unes al Poder Interno dentro de ti

¡Debes Estar Dispuesto a Darlo Todo!

El rey Janaka es uno de los personajes más icónicos que ha habido en el mundo de la espiritualidad

Su Maestro fue Ashtavraka

Ashtavraka significa ocho jorobas

A pesar de su deformidad, Él era uno de los Maestros Perfectos de su tiempo

Ashtravaka le preguntó al rey Janaka si el realmente deseaba la iluminación

El rey Janaka asintió,

Ashtravaka le preguntó al rey Janaka que en cuanto tiempo quería la iluminación

El rey Janaka respondió: ya! En un instante

Ashtravaka preguntó, ¿Cuánto dura un instante?

El rey Janaka dijo que era menos de lo que se demoraría en bajarse de un caballo

Ashtravaka le dijo que si realmente deseaba la espiritualidad, su discípulo debía darle tres cosas

El rey Janaka dijo que estaba dispuesto a darlo todo

Ashtravaka le dijo: Dame tu cuerpo, dame tu mente, y dame tus posesiones

El rey Janaka accedió

En ese mismo instante el rey Janaka recibió la iluminación instantánea

Luego le fue quitada

Ashtravaka finalmente le dijo que tendría que meditar durante horas por 20 años consecutivos para alcanzar ese mismo estado nuevamente

El rey Janaka se sintió satisfecho

La Transformación

Durante centenios se ha buscado en la alquimia la manera de convertir lo rudimentario en valioso

El hombre intenta por todos sus medios en mejorar su situación

A veces lo logra, otras veces no

Que tan fácil sería si pidiera

Solo tiene que pedir

Él lo puede dar todo

¿Por qué se esfuerza tanto?

El sabio pide al Dador

El tonto confía solo en su propia capacidad

Una mezcla de los dos puede ser

Otras veces la Gracia es abundante

Abundante Gracia, agradable transformación

La Alegría Sin Fin

Todo ser humano desea ser alegre

El gozo es la luz que ilumina la vida

Esta luz va y viene

Pero, ¿Cuándo se quedará finalmente?

El alma es dicha en su estado natural

Descubriendo sus secretos el hombre por fin podrá reír

Cuando esto pasa, todo lo demás queda atrás

Buscando la Fuente Verdadera

Encontrando el manantial que lo satisface

El agua de Vida lo hará surgir y surcará los cielos venideros desde ya

Fin